# Leicht lernen mit Eselsbrücken

Für Renate W.

# Leicht lernen mit Eselsbrücken

Herausgegeben von Rainer Wörtmann

ISBN 3-8334-0035-8

Printed in Germany

Alle Rechte vorbehalten
© 2003 by Rainer Wörtmann,
20144 Hamburg

Herstellung und Verlag:
Books on Demand GmbH,
Norderstedt

Umschlag und Layout:
Rainer Wörtmann

Die deutsche Bibliothek
verzeichnet diese Publikation
in der Deutschen National-
bibliografie; detaillierte
bibliografische Daten sind
im Internet abrufbar über
http://dnb.ddb.de

Schon im Mittelalter bedienten sich die Gelehrten der Scholastik sogenannter Merkhilfen. Diese Gedächtnisstützen wurden als „pons asinorum" bezeichnet, was sich leicht mit Eselsbrücke übersetzen lässt.

Wenn man aber heute die Bedeutung des Wortes Eselsbrücke erklären will, kommt man in Schwierigkeiten. Zumal ein Teil des Wortes „Esel" oder „Eselei" bei unseren Vorfahren sehr negativ besetzt war.

Andererseits ging man davon aus, dass ein Esel keine Holzbrücke betritt, durch deren Ritzen er das Wasser sehen kann. Da es sich hierbei aber nur um eine scheinbare Gefahr handelt, könnte man daraus schließen, dass es dumm wäre, die Brücke nicht zu benutzen, während es klug wäre sich ihrer zu bedienen.

Noch heute wird darüber gestritten, ob die

Eselsbrücke ein sicheres Hilfsmittel für „Intellektuelle" oder eine vage Unterstützung für die „Dümmeren" ist.

Unumstritten ist allerdings die Tatsache, dass es mit Hilfe von Eselsbrücken gelingt, Wissen – dass trotz Begreifens zuvor im Gedächtnis keinen Platz fand – nun dort zu platzieren.

Die Wirkung solcher Merkhilfen besteht darin, dass Reime wie: Sieben, fünf, drei – Rom schlüpft aus dem Ei – für unser Gehirn leicht zu verarbeiten sind. Hinzu kommt, dass sich das Gehirn Fakten besser merkt, wenn sie mit anderen bereits bekannten Bildern oder Inhalten verknüpft werden. Zusätzlich wird durch diese „Technik" das Gedächtnis geschult und dadurch effektiver. Die peinlichen Momente, in denen wichtige Daten und Dinge einfach nicht einfallen wollen,

werden seltener – ihr Gedächtnis lässt sie
nicht mehr so oft im Stich.

Eselsbrücken erscheinen vielleicht manchmal
etwas umständlich, sind im Alltag oft aber
unentbehrlich.                    R.W.

Nach fünfundvierzig gab's zwei Staaten,
die neunzig sich zusammentaten.

> Nach dem Ende des II. Weltkrieges am 7. Mai 1945
> wurde Deutschland 1949 in BRD und DDR gespalten.
> 1990 kam es zur Vereinigung der beiden Staaten.

Im Jahre neunzehn neunundvierzig,
die gute BRD, die rührt sich.

> Am 24. Mai 1949 tritt das Grundgesetz in Kraft, damit
> war die Bundesrepublik Deutschland geschaffen.

Weltkrieg eins tobt vierzehn bis achtzehn,
Deutschland hatte schwer das Nachseh'n.

> Das Attentat von Sarajewo ist Anlass für den I. Welt-
> krieg, der vom 29. 5. 1914 bis 11. 11. 1918 dauerte.

Jeder Schuss ein Russ',
jeder Stoß ein Franzos',
jeder Tritt ein Brit'.
Die Serben müssen alle sterben,
über die Montenegriner,
da lachen ja die Hühner.

> Gibt die Stimmung des 1. Weltkrieges wieder.

# Eins und dann dreimal die Acht,
# drei Kaiser sind nun an der Macht.

1888 war das Drei-Kaiser-Jahr in Deutschland: Am
9. März 1888 starb im Alter von 91 Jahren Kaiser Wilhelm I., sein Sohn, der Kronprinz Friedrich Wilhelm
folgte ihm als Kaiser Friedrich III. auf den Thron.
99 Tage nach seiner Inthronisierung starb er am
15. Juni an Kehlkopfkrebs. Sein Nachfolger wurde der
erst 29-jährige Kaiser Wilhelm II.

# Bismarck hat ganz unverdrossen,
# 1871 das Deutsche Reich beschlossen.

Am 18. Januar 1871 wurde
Wilhelm I. im Spiegelsaal von
Versailles zum deutschen Kaiser proklamiert. Zuvor hatte
Bismarck in zähen Verhand-
lungen den Beitritt der süd-
deutschen Staaten zum Nord-
deutschen Bund und das Ein-
verständis zur Gründung des
Deutschen Reiches erreicht.

# Elba, Rückkehr, Waterloo,
# Helena bis Ultimo

In diesem kurzen Vers werden die letzten Jahre Napo-
leons nach seiner Abdankung als Kaiser im Jahre 1814
zusammengefasst. Napoleon starb am 5. Mai 1821 auf
St. Helena.

**E**ins, sieben, acht und neun –
Frankreichs Volk kann sich freu'n.

Oder:

**S**iebzehnhundert acht und neun,
König Ludwig möge uns verzeih'n.

1789 begann die Französische Revolution, in deren
Verlauf die Privilegien der Adeligen und des Klerus
abgeschafft und Ludwig XVI. geköpft wurde.

**1749** Goethe
**1759** Schiller
**1769** Napoleon

In Zehnerschritten
lassen sich die Geburts-
jahre dieser bedeuten-
den Männer leichter
merken.

**S**echzehnhundert eins und acht,
der Dreißigjährige Krieg erwacht.

Mit dem Prager Fenstersturz begann 1618 der Dreißigjährige Krieg und endete 1648 mit dem Westfäli-
schen Frieden.

**A**rm' Armada fünfzehn achtundachtzig –
Englands Macht zur See, die macht sich.

1588 wurde die spanische Armada in einer See-
schlacht im Ärmelkanal von den Engländern vernich-
tet. Der Versuch des spanischen Königs Philipp II.,
England zu erobern, war gescheitert.

**A**cht vor fünfzehnhundert:
Kolumbus wird bewundert.

Oder:

**I**n fourteen hundred ninety-two,
Columbus sailed the ocean blue.

1492, auf der Suche nach dem Seeweg nach Indien,
entdeckte Cristoph Kolumbus Amerika.

**Z**wölf, neun, eins –
gegründet wurd' die Schweiz.

1291 schlossen sich Uri, Schwyz und Unterwalden
mit dem „Rütli-Schwur" zur Schweizer Eidgenossen-
schaft zusammen.

**A**cht, null, null –
Karl stieg auf den Stuhl.

> Am 25.12 800 wurde der fränkische Herrscher Karl der Große in Rom von Papst Leo III. zum römischen Kaiser gekrönt.

**A**rmin schlug den Varus richtig –
neun nach Christus, das ist wichtig.

> Der Cheruskerfürst Arminius vernichtete in der Schlacht im Teutoburger Wald drei römische Legionen unter dem Feldherrn Varus. Die Römer gaben daraufhin Germanien östlich des Rheins auf.

**I**den März vierzig und vier –
Brutus packten Neid und Gier.

> Mitte März im Jahre 44 v. Chr. wurde Cäsar von Brutus und einigen anderen ermordet. Iden (lat. Idus) heißt Monatsmitte.

**V**or Christus die Hundert –
Klein-Cäsar wird bewundert.

> 100 v. Christus wurde Gaius Julius Cäsar geboren.

**D**rei, drei, drei –
bei Issos Keilerei

> Im November 333 v. Chr. besiegte Alexander der Große bei Issos den Perserkönig Darius III. Issos liegt in der heutigen südöstlichen Türkei.

# Sechs, eins, zwei –
# mit Ninive war's vorbei!

Im Jahre 612 v. Chr. wurde die Hauptstadt des assyrischen Reiches, Ninive, von den vereinigten Heeren der Babylonier und Meder erobert.

# Sieben, fünf, drei –
# Rom schlüpft aus dem Ei.

Der Sage nach soll Romulus 753 v. Ch. die Stadt Rom gegründet haben. Die Sage erzählt von den Zwillingen Romulus und Remus, die nach ihrer Geburt ausgesetzt und von einer Wölfin groß gezogen wurden.

# Es gibt eine Reihe von wichtigen Geschichtszahlen, deren Endziffern sich durch elf teilen lassen:

| | |
|---|---|
| 333 | v. Chr. Schlacht bei Issos gegen die Perser |
| 44 | v. Chr. Ermordung Cäsars |
| 622 | Mohammeds Flucht aus Mekka |
| 711 | Untergang des Westgotenreiches in Spanien |
| 955 | Sieg über die Ungarn auf dem Lechfeld |
| 1066 | Wilhelm der Eroberer erobert von der Normandie aus England |
| 1077 | Canossa, Gang von Heinrich IV. zu Papst Gregor VII. |
| 1122 | Wormser Konkordat, das Ende des Investiturstreites |
| 1555 | Augsburger Religionsfriede |
| 1588 | Niederlage der großen spanischen Armada |
| 1688 | Landung Wilhelms v. Oranien in England |
| 1833 | Gründung des deutschen Zollvereins |
| 1888 | Drei-Kaiser-Jahr in Deutschland |
| 1933 | Hitler kommt an die Macht |
| 1944 | Landung der Alliierten in der Normandie |

**T**ipp für Tollpatsche: das Ass platzieren.

Diese Eselsbrücke und folgende machen die neue Rechtschreibung deutlich.

**W**er ein Wort nicht schreiben kann,
guckt sich die Verwandten an.

Oder:

**D**en Stängel bei der Stange halten.

Das Stammprinzip gilt für die neue Rechtschreibung: Gräuel statt Greuel, nummerieren statt numerieren.

**T**rennen darfst Du *s* vom *t* –
denn es tut ihm nicht mehr weh.

In Anlehnung an die frühere Eselsbrücke: Trenne nie das s vom t, denn es tut ihm weh.

**T**renne nun *ck* –
nur noch wie *ch*.

Beispiele: kra -chen, Zu -cker

**K**akadu und Gnu –
begrüßen jetzt das Känguru.

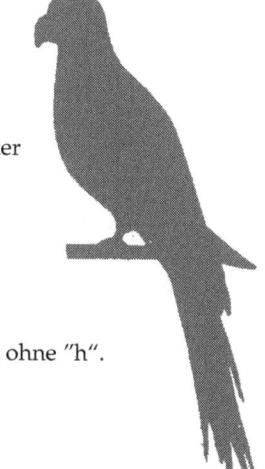

Känguru schreibt man nun ohne "h".

**D**u, euer, dir, dein

schreibt man jetzt auch in Briefen klein.

**I**st der Selbstlaut kurz und klein,

folgt ein Doppelmitlaut hinterdrein.

Oder:

**D**oppelter Mitlaut im Ohr?

Kurzer Selbstlaut steht davor!

Vor einem doppelten Konsonanten steht immer ein kurzer Vokal, wie bei Komma, Pfanne, Flüsse und Schlösser.

**D**oppel-*s*, das weiß ich jetzt –

wird zwischen zweimal kurz gesetzt.

Oder:

**N**ach kurzem Selbstlaut *ss*,

nach langem Selbstlaut *ß*,

und sag's dir laut –

*ß* steht auch nach einem Doppellaut.

Beispiele für beide Eselsbrücken: müssen, küssen, jedoch: bloß, Fuß und Strauß.

**W**er brauchen ohne *zu* gebraucht,

braucht brauchen

überhaupt nicht zu gebrauchen.

**K**annst du für *das* auch
*dieses* oder *welches* schreiben,
muss das *s* einfach bleiben.

**S**etz *dieses* oder *welches* ein –
dann schreib *das* mit einem Bein.

Zwei Merkhilfen für die Wörtchen *das* bzw. *dass*

**W**enn wieder nur *noch einmal* meint,
dann sind dort *i* und *e* vereint.
Wenn wider nur *dagegen* meint,
dann ist das *e* dem *i* stets Feind.

Es gibt noch eine einfachere Version:

**W**ieder ist oft widerlich.

**Z**u schreiben *macht* und *tut* –
dies ist nur selten gut.

**-chen** und *-lein* –
machen alle Dinge klein.

**D**oppel-*a*, das ist doch klar –
sind in Waage, Haar und Paar!

**W**ie hoch, *tief, lang* und *breit,*
desgleichen auch *wie weit,*
*wie lange* und *wie alt* –
im ersten Fall behalt'.

**A**n, *auf, hinter, in, unter, vor* und *zwischen* –
kennst du den Akkusativ oder Dativ nicht –
dann werd' ich dich gleich erwischen.

**G**ar nicht schreibt man
gar nicht zusammen.

**N**ach *l, n, r* das merk' dir ja –
steht nie *tz* und nie *ck.*

| | | |
|---|---|---|
| **V**erb | oder | **Z**eitwort |
| **A**djektiv | oder | **E**igenschaftswort |
| **S**ubstantiv | oder | **H**auptwort |
| **E**igenname | oder | **E**igenname |

Mit den zwei Merkwörtern VASE oder ZEHE lassen sich die Anfangsbuchstaben der Benennungen der wichtigsten Wortarten in Latein und Deutsch relativ einfach zusammenfassen

**I**n *klar,*
da stört kein H*aar.*

**W**er nämlich und dämlich mit *h* schreibt,
ist nämlich dämlich.

Oder:

**N**ämlich kommt vom Namen her –
drum ohne *h*, das ist nicht schwer.

**V**or- und *ver-*
schreibt jeder Herr –
und jede Frau –
mit einem Vogel-*v*.

**D**en Tiger schreib mit langem *i* –
jedoch mit *ie* schreib' ihn nie.

**S**ei nicht dumm und merk' dir bloß:
das Nomen schreibt man groß.

**D**as Nomen ist groß und hat Spaß
mit seinem Artikel: der, die, das.

**Wo** hat nur den rechten Stand –
wenn örtlich, zeitlich angewandt.

Lärche schreibt man mit *ä* wie Bäume.

Lerche schreibt man mit *e* wie Vogel.

Steht im Satz *ist* ganz allein,

setz' dafür doch ein Zeitwort ein.

Kannst du nicht mit *und* verbinden,

so wirst du auch kein Komma finden.

> Satzteile, die sich nicht durch *und* verbinden lassen,
> werden auch nicht durch ein Komma getrennt.

Bei *-ig, -sam, -los, -lich, -isch, -voll* und *-bar*:

meist Adjektive, das ist doch jedem klar.

> Diese Endungen bezeichnen normalerweise Eigen-
> schaftswörter (Adjektive). Aber keine Regel ohne
> Ausnahmen: Pfennig, König, Nachbar, Balsam.

Das Adjektiv macht uns erst schlau –

wie es geschehen ganz genau.

Es zaubert gerne, gar nicht schwer –

und steigert sich zu noch viel mehr.

Das Verb kann nicht ruh'n

es sagt, was wir tun.

Wir schreiben es klein,

kann heute und gestern gewesen sein.

Das Pronomen ist ein Helfer schnelle,
wenn wir's gebrauchen an Nomens Stelle.

**-heit** und *-keit* und *-ung* und *-schaft*,
*-tum* und *-nis* und *-chen* und *-lein* –
schreibt man groß und niemals klein.

Oder:

Schreibe groß zu jeder Zeit –
das Wort mit *-nis, -ung, -heit* und *-keit*.

**A**us, *bei*, *mit*, nach *seit*, *von* und *zu* –
steht immer mit Dativ, du dumme Kuh.

Oder:

**V**on AUSBEIMIT nach VONSEITZU
fährst immer mit dem Dativ, du.

**D**a, wo man redet, sagt und spricht –
vergiss die „kleinen Zeichen" nicht.

Im Geschriebenen wird die wörtliche Rede immer in Anführungszeichen gesetzt. Für die richtigen typographischen Anführungen gilt „ ......".

**D**ie wichtigen Fragen findest du –
mit *W* plus *A, E, I, O, U*.

Was? Wann? Wer? Wie? Wo? Warum?

**N**imm die Regel mit ins Bett –
nach *ei*, *au*, *eu* steht nie *tz*.

**O**hne die Wörtchen: *mir*, *mein* und *mich*,
wär's in unserer Welt sehr ärmlich.

**A**uf *einmal* schreibt man zweimal.

> Gemeint ist hier in zwei Worten.

**E**ndgültig ist am En*d*e gültig.

> Vorsilbe en*d*-, wenn es von *Ende* abgeleitet ist.

**D**ie Endungen *-nis*, *-us* und *-as*,
schreib' nur mit *s* – bitte merk' dir das.

> Hinder*nis*, Omnibu*s*, Atla*s*

**I**m Plural aber denk' daran,
schließ' dem *s* ein zweites an.

> Hinderni*ss*e, Ereigni*ss*e, Missverständni*ss*e

**V**or *l*, *m*, *n*, *r* das merke ja,
steht meist ein Dehnungs-*h*,
doch ohne *h* nach Mitlautpaar.

> Zah*l*, Rah*m*en, Leh*m* ,Loh*n*, Huh*n*, Gefah*r*, Fah*r*t,
> Roh*r*, Feh*l*er
> jedoch: *kl*ar, *st*ören, *sp*aren, B*l*üte

**B**egierig, *kundig, eingedenk,*
*teilhaftig, mächtig, voll* –
regieren stets den Genitiv,
was man sich merken soll.

**P**ar*allel*

> Da man *alle* auch mit Doppel-*l* schreibt, kann man
> sich merken daß es in dem Wort *parallel* auch so ist.

**N**ach *das* und *im, vom, am, beim, zum*
wird stets groß geschrieben – das Verbum

**W**er richtig hinhört, liest oder spricht –
den plagen Rechtschreibfehler nicht.

**G**ib zuerst das *Thema* an,
die *Erklärung* folgt sodann.
Weiter muß man gut *begründen*
und den *Gegensatz* erfinden.
Ein *Vergleich* folgt im Nu,
und das *Beispiel* kommt dazu.
Mit dem *Zeugnis* wird belegt,
daß zum *Schluss* sich Beifall regt.

> Dieser Reim zeigt eine sinnvolle und typische Gliede-
> rung eines Aufsatzes oder Rede in acht Teilen. Sie
> stammt noch aus der Antike.

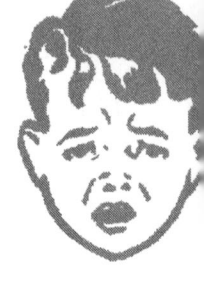

**D**as *scheinbar* hör ich weinend –
du meinst gewiss *anscheinend*.

Richtige Verwendung von *anscheinend*

**H**at es den *Anschein*, kann's so sein –
der *Schein* hingegen legt dich rein.

Wenn man *anscheinend* verwendet könnte es so gewesen sein; bei *scheinbar, scheintot, scheinheilig* hingegen
trügt der Schein.

**S**e *coucher* heißt: zu Bette gehen,
*se lever* heißt: früh aufstehen,
*se fier à* heißt: einem trauen,
*se défier de* weckt Misstrauen.

**V**or *o, u, a* –
lautet *c* wie *k*.

**A**uf der Oder schwimmt kein Graf.

**D**as *où* als *wo* –
hat einen Floh.

Auf *ou* (oder) gibt es im Gegensatz zu *où* (wo) kein
Accent grave.

**M**ännlich ist die Endung *-age*,
ausgenommen sind *l'image*,
*la cage, la plage* und *la rage*.
Weiblich kennt man schon
an der Endung *-eur* und *-son*,
auch die Endung *-ée* und *-te*,
man als weiblich meist anseh'.

**H**at das *ç* einen Haken dran,
nimmt es gleich den *s*-Laut an.

Eine Cedille (ç) macht aus einem k-Laut einen s-Laut.

**á** und *le*, oh welch ein Graus –
mach gleich ein *au* daraus.

Oder:

**W**er *à le* sagt und *de le*
hat Falsches in der Kehle.

**L***e bœuf* – der Ochs,
*la vache* – die Kuh,
*ferme la porte* –
die Tür mach zu.

**I**hr seid – *vous êtes*,
sie sind – *ils sont*,
der Kreis ist rund –
*le cercle rond.*

**D**as *g* vor *e* und *i* sprich *sche* und *schi* –
vor *a, o, u* sprich *ga, go, gu.*

Nach *si, nisi, ne, num,*
*quo, quanto, ubi, cum*
fällt das *ali* um.
*Ut* und *ne* und *quo* und *quin*
nehmen *Conjunctivum* hin.

> Merkvers für *aliquid* etc. in den Konditionalsätzen

Domo, *domorum, domos* –
gehen nach der zweiten bloß.

> Hier ist von der zweiten Deklination, der o-Deklination die Rede.

Der ist dumm, der bei *sum* –
setzt das Adverbium.

Bei Städtenamen, wisst ihr schon –
steht keine Präposition.

Vis die Kraft und *vis* du willst
 sonderbar sich gleichen.
Was du *vi vis*, glaube mir,
 wirst du auch erreichen.

Unus, *solus, totus, ullus* –
*uter, alter, neuter, nullus,*
diese Wörter haben alle –
*-ius* in dem zweiten Falle.
Doch im Dativ enden sie –
wie *alius* mit langem *i.*

Os, *Oris* ist der Mund –
*Os, ossis* frisst der Hund.

Acus, *quercus, tribus, arcus,*
*artus, specus* und auch *lacus*
setzen – denk mir ja daran –
*-ubus* stets als Endung an.

Männer, Völker, Flüsse, Wind
stets *masculina* sind –
Frauen, Bäume, Städte, Land
als *feminina* sind bekannt.
Was jedoch nicht Frau noch Mann –
das sieht man als *neutrum* an.

**-er**, -*ir* und -*us* sind *mascula* –
-*um* steht allein als *neutrum* da.

Genus-Regel in der o-Deklination

**H**umus merk' als weiblich' -*us*,
als sächlich *vulgus, pelagus*.

Ausnahmen der Genus-Regel in der o-Deklination

**F**ebris, puppis, tussis, turris,
sitis, vis sowie securis
bilden immer *im* und *i*,
*em* und *e* vermeiden sie.

**P**anis, piscis, crinis, finis –
so ochst man weiter, bis man hin is'.

**F**emina sind alle Wörter
auf -*o*, -*as*, -*es*, -*x* und -*aus* –
und -*s* mit Konsonant voraus.

**I**n die *Semmel biss der Kater*.

Dieser Merksatz hilft bei
den vier Zahladverbien:
einmal = semel
zweimal = bis
dreimal = ter
viermal = quater

**A** und *ab* und *ex* und *de*
*cum* und *sine, pro* und *prae* –
den Ablativ ich seh'.

> Diese Präpositionen verlangen immer den Beugefall
> Ablativ.

**D**ie *-io, -tio, -tudu, -tas* und *-tus* –
als weiblich sich merken muss.

**L**epus – ein Has',
*sedebat* – er saß.
*in via* – auf der Straß.'
*edebat* – er aß.
*Quid* – was?
*Cramen* – Gras.

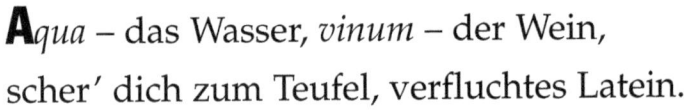

**A**qua – das Wasser, *vinum* – der Wein,
scher' dich zum Teufel, verfluchtes Latein.

Zwei Knaben machten sich den *Jocus*
und tranken Most im Keller.
Da mussten beide auf den *Locus*,
jedoch der Most war schneller.

> Auf „witzige" Art kann man sich die Bedeutung der
> zwei Worte *iocus* (scherzen) und *locus* (Ort) merken.

**G**eburt heißt *nascita*,
der Tod ist *la morte*,
dazwischen *la vita* –
das sind wichtige Worte.

**L**iest du den Liebesgott verkehrt,
wird seine Hauptstadt dir beschert.

> Amor rückwärts gelesen ergibt Roma,
> die Hauptstadt Italiens.

**I**eri war gestern, und *oggi* ist heut',
*domani* heißt morgen, und *tempo* die Zeit.

**A**qua – das Wasser,
*vino* – der Wein,
*ciambella* – die Brezel,
die tunkt man hinein.

**E**s ging der Bauer – *il contadino*,
mit einem Knecht – dem *agricolo*,
über die Brücke – *ponte*,
an die Quelle – *fonte*.

# **A**uf *qui* und auf *qua*

## *l'accento non va.*

*Qui* und *qua* werden im Italienischen ohne Akzente geschrieben.

Es pluralt ja der Englischmann
mit schlichtem *s*, solang er kann.
Dem *Zischlaut* nur tut's *s* so weh,
drum schieb im Plural ein ein *e*.
Und als Exempel merke dir,
die folgenden Vokabeln hier:
mat*ch* and mat*ches*,
gla*ss* and gla*sses*,
bo*x* and bo*xes*,
wat*ch* and wat*ches*.

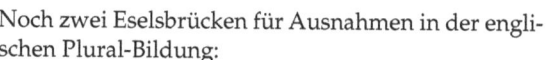

Noch zwei Eselsbrücken für Ausnahmen in der englischen Plural-Bildung:

Wenn es sich um Plural handelt –
wird *y* in *ie* verwandelt,
aber nach *a, e, o, u* –
bleibt das *y* in Ruh'.
Und als Beispiel merke Dir –
die folgenden Vokabeln hier:
*story and stories, baby and babies* –
aber: *toy and toys,* und *day and days.*

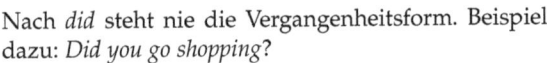

**E**hefrauen und auch Messer
finden *v* im Plural besser.
Also: *wife and wives,*
*knife and knives.*

**D**id und Grundform –
das ist die Norm.

> Nach *did* steht nie die Vergangenheitsform. Beispiel
> dazu: *Did you go shopping?*

**L**aundry is Wäsche, ein Seil *is a rope,*
*wash that means* waschen, und Seife *is soap.*
*Collar means* Kragen, ein Hemd *is a shirt,*
*clean that means* sauber, Schmutz *is dirt,*
*iron means* plätten, und trocken *is dry,*
*stockings are* Strümpfe, und färben *is dye.*

**H**e, she, it – ein *s* muß mit.

> An die Verben wird in der 3. Person Einzahl ein *s*
> angehängt.

**W**ith *who* – never *to do*

> Im allgemeinen benützt man die Umschreibung mit
> *do* zur Fragebildung, es sei denn, man benutzt das
> Fragewort *who.*
> Allerdings gibt es da auch Ausnahmen: *Who do you*
> *think you are?*

**S**ubject  Satzgegenstand

**P**redicate  Satzaussage

**O**bject  Satzergänzung

**M**anner  Umstandsbestimmung

**P**lace  Ort

**T**ime  Zeit

S P O M P T ein ungewöhnliches Wort, so lässt sich aber die Satzstellung im Englischen leicht merken.

**S**ometimes, always, never, just –

stets nur vor das Zeitwort passt.

**W**ith *yesterday*, *ago* and *last* —

you should always use the past.

**O**rt vor Zeit

Wie im Alphabet steht die Ortsangabe meist vor der Zeitangabe.
Also: *My mother was in London yesterday.*

**Ow**, das *y* ist *leer*.

Die Adjektive mit den Endungen  *-ow*, *-y*, *-le* und *-er* werden durch Anhängung von *-er* und *-est* gesteigert. Man sagt: *slow, slower, slowest – simple, simpler, simplest* und *crazy, crazier, craziest*. Nicht wie sonst crazy, *more* crazy, *most* crazy.

**G**eig, *du* alter Esel!

*g, d, a, e* sind die vier Saiten der Geige.

**E**in Anfänger *der* Gitarre *h*at Eifer.

Oder

**E**ine *a*lte *d*eutsche Gitarre *h*ält *e*wig.

*e, a, d, g, h, e* sind die sechs Saiten der Gitarre.

**D**as Dur, das kommt von *durus* – hart,
das Moll von *mollis* – weich an Art.

Dur klingt hart, Moll klingt weich.

**C**äsar genießt *den* Abend.

Oder

**C**äsar, *g*ibst *du* Antwort.

*c, g, d, a* sind die Saiten des Cellos und Bratsche,
allerdings letztere eine Oktave höher.

**C**äsar, *d*er Elch, *f*risst *g*egen Abend Heu.

Die sind die Töne der Tonleiter: *c, d, e, f, g, a, h.*

# Somea tebaba

Die Stimmlagen von Sängerinnen und Sänger sind:

| | |
|---|---|
| SO | = Sopran |
| ME | = Mezzosopran |
| A | = Alt |
| TE | = Tenor |
| BA | = Bariton |
| BA | = Bass |

Mit Bratschen links die ersten Geigen,

die zweiten rechts, beim Cello-Reigen.

Dann Harfen, Flöten, Klarinetten

sich an Fagott, Oboen ketten.

Nach rechts gefolgt von Hörnern, Bässen,

Trompeten immer links gesessen,

daneben Tuben und Posaunen,

ganz hinten Schlagzeug zu bestaunen.

Ganz vorn, auf hohem Postament,

der sehr geschätzte Dirigent.

Dies ist der traditionelle Aufbau eines Orchesters aus der Sicht der Zuhörer. Die moderne Anordnung ist insofern anders, als nun sowohl die ersten als auch die zweiten Violinen links und die Celli und Bratschen rechts vom Dirigenten zu finden sind.

# Geh, du alter Esel, heute fischen!
1    2  3    4    5    6

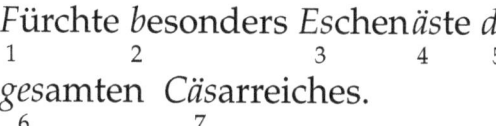

Mit dieser Eselsbrücke kann man sich die Kreuz-Tonarten merken. Die Ziffern unter den Wörtern geben die Anzahl der Vorzeichen an:

G-Dur  = #
D-Dur  = ##
A-Dur  = ###
E-Dur  = ####
H-Dur  = #####
Fis-Dur = ######

## Fürchte besonders Eschenäste des
1      2        3    4    5

## gesamten Cäsarreiches.
6        7

So kann man sich die B-Tonarten merken:
F-Dur   = b
B-Dur   = bb
Es-Dur  = bbb
As-Dur  = bbbb
Des-Dur = bbbbb
Ges-Dur = bbbbbb
Ces-Dur = bbbbbbb

# Die Maus, die lebt piano bis pianissimo,

## der Spatz dagegen forte bis fortissimo.

## Der Mensch – so mittendrin,

## lebt mezzoforte vor sich hin.

Dieer Vers beschreibt die Lautstärken in der Musik:

| | |
|---|---|
| pianissimo | = sehr leise |
| piano | = leise |
| mezzoforte | = nicht mehr leise, noch nicht laut |
| forte | = laut |
| fortissimo | = sehr laut |

**43**

# Eine Geige hat der Fiedler.

Gemeint sind die fünf Noten auf den Linien in der Reihenfolge von unten nach oben: *e, g, h, d, f*.

# Fritz aß Citronen-Eis.

Dies sind die Noten zwischen den Linien: *f, a, c, e*.

# Prim, Sekund sind eins und zwei –
# Terz als Intervall, die drei –
# vier und fünf – die Quart, die Quint –
# Sext und Sept, Oktav ganz hint'.

Es geht um die Intervallreihe einer vollen Oktave:
1. Stufe = Prim
2. Stufe = Sekunde
3. Stufe = Terz
4. Stufe = Quarte
5. Stufe = Quinte
6. Stufe = Sexte
7. Stufe = Septime
8. Stufe = Oktave

# Orlea, Dixie, Cago, Swingin'
# Bop und Cool-Modern-Free

Die wichtigsten Perioden des Jazz:

| | |
|---|---|
| Orlea | = New Orleans Jazz |
| Dixie | = Dixieland |
| Cago | = Chicago-Jazz |
| Swingin' | = Swing-Ära |
| Bop | = Bebop |
| Cool | = Cool Jazz |
| Modern | = Modern Jazz |
| Free | = Free Jazz |

Largo, lento und adagio,

zu andante, moderato,

bis vivace und allegro,

presto und prestissimo

Wer sich diesen Vers merken kann, kennt die neun
meist gebrauchten Tempobezeichnungen in der
Musik:

| | |
|---|---|
| largo | = breit, langsam |
| lento | = langsam, schleppend |
| adagio | = ruhig, sanft, langsam |
| andante | = mäßig langsam, |
| moderato | = mäßig bewegt |
| vivace | = munter, lebhaft |
| allegro | = lebhaft |
| presto | = schnell |
| prestissimo | = sehr schnell |

Der Pfarrer liest alte Journale.

Die alten Kirchentonarten:

| | |
|---|---|
| der | = dorisch |
| Pfarrer | = phrygisch |
| liest | = lyrisch |
| alte | = aiolisch |
| Journale | = jonisch |

**M**it *Blaubart* und mit *Nonnenhaube*,
*Beutel*, *Schwanz* wie'n *Specht* im Laube,
im *Sumpf* und *Kohl*, auf *Tannen*, *Weiden* –
das *Meisen*volk ist gut zu leiden.

Mit diesem Gedicht lernt man die ganze Meisen-
Familie kennen:

| | |
|---|---|
| Blaubart | = Blau- und Bartmeise |
| Nonnenhaube | = Nonnen- und Haubenmeise |
| Beutel | = Beutelmeise |
| Schwanz | = Schwanzmeise |
| Specht | = Spechtmeise |
| Sumpf | =  Sumpfmeise |
| Kohl | = Kohlmeise |
| Tannen | = Tannenmeise |
| Weiden | = Weidenmeise |

**D**ie Frau des *Rehbocks*, Mama *Ricke*,
lässt nie das *Kitz* aus ihrem Blicke.

Die gesamte Rehfamilie

**D**as Kamel mit *zwei* Höckern
ist das Trampeltier,
das Kamel mit nur *einem* Höcker
ist das Dromedar.

> Die Zuordnung läßt sich wie folgt leicht merken:
> Trampeltier schreibt sich mit zwei e, Dromedar
> schreibt sich nur mit einem e.

**I**n *bunt*, in *rot*, *schwarz*, *grün* und *grau*
In *Mittel-*, *Klein-* und *Zwerg*en-Bau,
als Brut, wie *Elster*n weiß am Rücken:
Familie Specht – famos im Schmücken.

> Fast alle Mitglieder der Spechtfamilie sind in diesem
> Satz zusammengefasst. Es fehlt der Dreizehenspecht.

**E**in Riese in dem Weltenmeer,
bis 50 Tonnen schwer,
der Wassertiere Admiral,
ist der Koloss, der blaue Wal.

Sehr bissig ist das Krokodil,
man nennt es ein Reptil.

Der Bulle kann begatten,
beim Ochs' geht nichts vonstatten.

Der Bulle ist ein geschlechtsreifes männliches Rind,
der Ochse hingegen, ein kastriertes männliches Rind.

Rund wie die Walze
und spitz wie ein Pfeil,
mit seitlichen Flecken
und schwer zu entdecken,
im Bache blitzeschnelle –
das ist die Forelle.

Hat einen langen, spitzen Schnabel,
trägt einen Kamm auf seinem Kopf,
merk' dir seinen Namen – Wiedehopf.

Welpen sind die Hundekinder,
Kälber neugeborne Rinder –
und die Kleinen von den Pferden
nennt man Fohlen hier auf Erden.

Ein Tier, das weit und breit bekannt,
steckt gern den Kopf mal in den Sand,
ist Vogel, aber steigt nie auf –
der Strauß, ganz groß im Tempolauf.

Frische Kinder, Mutter *Bache*,
    Vater *Keiler* oder Schwein –
können nur die Borstentiere
    von Familie *Schwarzwild* sein.

Dieser Vers faßt das Schwarzwild zusammen:
Frische Kinder    = Frischlinge
Bache (Sau)       = Mutterschwein
Keiler (Schwein)  = Vaterschwein
Schwarzwild       = Wildschweine

Afrikanische Elefanten haben l*an*ge Ohren –
i*n*dische Elefanten haben wi*n*zige Ohren.

**D**em Boxer, der nicht boxen kann,
sieht man die edle Rasse an.

**S**tamm
**K**lasse
**O**rdnung
**F**amilie
**G**attung
**A**rt

Das Kunstwort S K O F G A zeigt das Schema der systematischen Einteilung der Tiere.

**L**aura *saß* und *fraß* unterm
*Campher*baum *Zimt*.

Zu der Pflanzenfamile Lauraceen gehören folgende Pflanzen: Lorbeer, Sassafras, Campher, Zimt.

**W**enn die Schwalben tiefer fliegen –
werden wir bald Regen kriegen.

Sechs mal sechs ist sechsunddreißig
und ist der Lehrer noch so fleißig.

Differenzen und Summen
kürzen nur die Dummen.

Wer in einer Summe kürzt,
wird ins Binger Loch gestürzt.

Vor dem Kürzen muss erst ausgeklammert werden.

Potenzen und Summen
radizieren nur die Dummen.

Aus Teilen einer Potenz oder einer Summe darf man
keine Wurzel ziehen.

Wie merke ich mir: > (größer als),

< (kleiner als)

Das <-Zeichen erinnert an ein K, bedeutet also
kleiner als.

Hundert $m^2$ man ein Ar benennt,
das Hundertfache als ein Hektar kennt.

1 Ar sind 100 qm, ein Hektar 100 x 100 = 10000 qm.

**P**unktrechnung vor Strichrechnung geht,
die Klammer über allem steht.

## KLA-P-S

Die KLA-P-S-Regel lautet: Klammer, Punkt vor Strich.

**D**as Vierflach ist ein Tetraeder,
das Achtflach nennt man Oktaeder.

Das Tetraeder ist ein regelmäßiger Körper, der von vier gleichseitigen Dreiecken begrenzt ist, das Oktaeder von acht gleichseitigen Dreiecken.

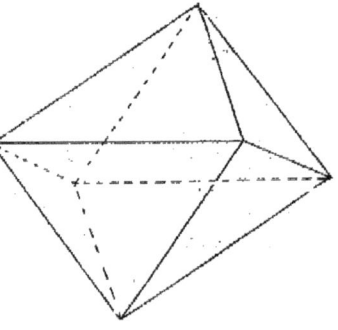

**D**urch Null teil' nie –
dies bricht dir das Knie.

**W**ie kann ich mir die mathematischen
Zeichen ∧ = *und* bzw. ∨ = *oder* merken?

∧ = *und*   ist *unten* offen.
∨ = *oder*   ist *oben* offen.

**D**er Nullen sechs hat die Million,
mit neun glänzt die Milliarde schon,
es folgt mit zwölf ihr die Billion,
zuletzt mit achtzehn die Trillion.

# Deka-, Hekto-, Kilo-

Deka - griechisch: deka = 10
bedeutet das Zehnfache,
Hekto - griechisch: hekaton = 100
bedeutet das Hundertfache,
Kilo - griechisch: chilioi = 1000
bedeutet das Tausendfache eines Wertes.

# Dezi-, Zenti-, Milli-

Dezi - lateinisch: decem = 10
bedeutet den 10. Teil,
Zenti - lateinisch: centum = 100
bedeutet den 100. Teil,
Milli - lateinisch: mille = 1000
bedeutet den 1000. Teil eines Wertes.

# Alle Winkel in einem Halbkreis
# sind rechte Winkel.

Der Lehrsatz des griechischen Mathematikers Thales
von Milet bedeutet: In jedem rechtwinkligen Dreieck
liegt der Scheitelpunkt des rechten Winkels auf dem
Halbkreis über der Hypotenuse.

# Innen hat die Kugelei
# $\frac{4}{3}$ π mal $r$ hoch drei.
# Und was sie auf dem Buckel hat,
# ist 4 mal π mal $r$ Quadrat.

Das Volumen einer Kugel
berechnet man nach der Formel:
$V = \frac{4}{3}\pi\, r^3$.
Die Kugeloberfläche berechnet man
nach der Formel: $O = 4\,\pi\, r^2$.

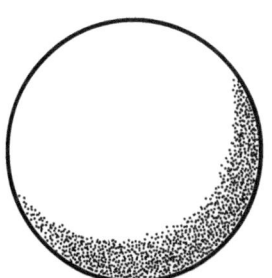

**D**ie Vorzeichenregelung beim Dividieren und Multiplizieren lässt sich leichter merken, wenn man folgende Wörter anstelle der mathematischen Zeichen einsetzt:

| | |
|---|---|
| + | entspricht *dafür*, |
| - | entspricht *dagegen*. |

+ mal + = +

> Ich bin *dafür*, dass man *dafür* ist, also bin ich *dafür* = (+).

+ mal - = -

> Ich bin *dafür*, dass man *dagegen* ist, also bin ich *dagegen* = (-).

- mal + = -

> Ich bin *dagegen*, dass man *dafür* ist, also bin ich *dagegen* = (-) .

- mal - = +

> Ich bin *dagegen*, dass man *dagegen* ist, also bin ich *dafür* = (+).

**A** plus B wird eine Summe,

A minus B zur Differenz,

A mal B Produkt man nennt,

A durch B den Quotient.

**Z**wei Punkte begrenzen die *Strecken,*

die *Strahlen* sind einmal fixiert –

wo unbegrenzt Linien sich recken,

sind sie als *Gerade* definiert.

> Eine Strecke hat an beiden Seiten einen bestimmten
> Endpunkt. Ein Strahl hat nur an einer Seite einen
> fixierten Punkt. Die Gerade hat weder an der einen
> noch an der anderen Seite einen Fixpunkt.

**E**s ist wohl π die Größe,

    die mir den Kopf verdreht:

**I**st's doch, o jerum,
3   1   4   1   5

    schwierig zu wissen, wofür sie steht.
     9    2    6     5    3   5

    Oder:

**W**ie, o dies π
3   1   4   1

macht ernstlich so vielen viele Müh'.
5     9    2    6    5    3

> Die Anzahl der Buchstaben der Eselsbrücke ergibt:
> π = Pi (griechisch für p),die Kreiszahl oder Ludolfsche
> Zahl. Sie gibt an, wie oft der Durchmesser eines Krei-
> ses in seinem Umfang enthalten ist.
> π = 3,14159265358979323846264...

**W**as auf der Erde die Waage fast verbiegt –
auf dem Mond nur noch ein Sechstel wiegt.

> Aufgrund der geringen Mondanziehungskraft haben Gegenstände auf dem Mond nur noch ein Sechstel ihres Gewichts verglichen mit dem auf der Erde.

**B**eim Kondensator,
eilt der Strom vor.
Bei Induktivitäten,
die Ströme sich verspäten.

**W**as man an Kraft spart,
muss man an Weg zulegen.

> Gutes Beispiel dafür ist die schiefe Ebene.

**H**älst du den Löffel konkav,
bleibt die Suppe brav –
hälst du ihn konvex,
macht die Suppe einen Klecks.

> Oder:

**E**in Buckel wie 'ne Hex',
die Linse ist konvex.

## KAPITEL 7

# Der Anker und der Feldmagnet bewirken, dass sich der Motor dreht.

In einem Elektromotor wirken die magnetischen Felder des unbeweglichen Feldmagneten auf die des beweglichen Ankers, wodurch Rotation entsteht.

$$\frac{U}{R \times I}$$ ## Das Ohmsche Gesetz

U = Spannung, R = elektrischer Widerstand, I = Stromstärke

$U = R \times I \qquad R = U : I \qquad I = U : R$

oder:

$$\frac{P}{I \times U}$$

P = elektrische Leistung, I = Stromstärke, U = Spannung

$P = I \times U \qquad U = P : I \qquad I = P : U$

Durch Abdecken des gesuchten Ergebnisses an dem Formel-Dreieck entstehen die neuen Berechnungen bzw. Formeln.

# Was man nicht im Kopf hat, muss man in den Beinen haben.

Merksatz: Arbeit ist Kraft mal Weg ($W = F \times s$).

# Man merke, dass das Wort Atom – nicht Schöpfung ist des alten Rom, vielmehr im Griechischen erscheint, wo damit unteilbar ist gemeint.

Atomos, griechisch für nicht trennbar, unteilbar.

**E**ines Dinges Geschwindigkeit:
Weg durch die benötigte Zeit

Merksatz: v = s : t

**L**eistung ist die verrichtete Arbeit
geteilt durch die benötigte Zeit.

Formel: P = W : t

**P**roton ist *positiv*,
*E*lektron ist *n*egativ.

*P* und *p*, *E* und *e* ergeben die Zusammengehörigkeit.

**M**it Punkt, Strich fängt es vorne an,
mit Strich, Strich, Punkt, Punkt endet's dann,
und alles, was dazwischen steht,
gehört zum Morse-Alphabet.

Erklärung: . - = *A*, - - . . = Z. Das
Morse-Alphabet, eine Kombina-
tion aus Strichen und Punkten. Es
wurde benannt nach seinem Erfin-
der Samuel Morse (1791 - 1872).

**O**tto denkt *ans Ver*dienen durch
*Arbeit* und gutes *Aus*kommen.

Die Aktionen des Viertakter-Otto-Motors sind:
Ansaugtakt, Verdichtungstakt, Arbeitstakt und Aus-
pufftakt.

**61**

## Zink + Kupfer = Messing

Die Legierung Messing besteht aus Zink und Kupfer, und nicht, wie oft vermutet, aus Zinn und Kupfer. Durch die beiden verbundenen *k*, kann man sich die richtigen Metalle besser merken.

## Wer rostet, oxidiert.

Rosten und oxidieren sind dasselbe. In beiden Worten kommt ein *o* vor.

## Der Stickstoff hat den Sinn erhalten,
den Eiweißaufbau zu gestalten.
Er ist so wichtig wie noch nie,
zum Pflanzenaufbau und fürs Vieh.
Das Kali hat stets das Bestreben,
die Zellenbildung zu beleben.
Und außerdem ist es am Werke
beim Bau von Zucker und von Stärke.

Hiermit lässt sich Bedeutung und Nutzen von Stickstoff und Kali für Mensch und Natur erklären.

# Erst das Wasser, dann die Säure – sonst geschieht das Ungeheure.

Schüttet man Säure ins Wasser entsteht eine ungefährliche Lösung. Schüttet man das Wasser in die Säure, kommt es zu einer heftigen Reaktion, die dazu führen kann, daß Säure aus dem Gefäß spritzt.

# Sn steht für Zinn – und hat nur Stanniolpapier im Sinn.

*Sn* ist das chemische Zeichen für Zinn (lat. stannum). So ergibt sich eine Eselsbrücke zum Stanniolpapier.

# EDEKA

Dieser Markenname beinhaltet die vier fettlöslichen Vitamine *E, D, K, A* .

# Alle alte Glucken möchten gut im Garten tanzen.

Die Hexosen sind: Allose, Altrose, Glucose, Mannose, Gulose, Idose, Galaktose, Talose.

**R**eiche *Arab*er *xylo*phonieren *leise.*

Die Anfänge entsprechen den Anfängen der Pento-
sen: Ribose, Arabinose, Xylose, Lyxose.

**L**iebe Nachbarn küssen rabiat Cesars Frau.
Li      Na        K       Rb      Cs      Fr

Anfangsbuchstaben der Elemente der ersten Hauptgruppe

**L**iebe Berta, bitte komme nicht ohne frische
Li      Be      B      C      N      O      F
Negerküsse.
Ne

Die Elemente der ersten 8-er-Periode des Perioden-
systems

**N**atürlich! Mitglieder aller sinnlosen
Na          Mg          Al    Si
Parteien sind kleine Arschlöcher.
P          S      Cl      Ar

Die Elemente der dritten Periode des Perioden-
systems

**O**pa schaut selber teure Pornos.
O      S      S      T      P

Anfangsbuchstaben der Elemente
der 6. Hauptgruppe des Perioden-
systems der Elemente

**F**reundliche Clowns brauchen
F          C      B
immer eine Antwort.
I      E      A

Anfangsbuchstaben der Elemente
der 7. Hauptgruppe des PSE

**I**ch        = Interphase

*p*rotze     = Prophase

*m*it         = Metaphase

*a*llen       = Anaphase

Teilen       = Telophase

Mit diesem Satz wird die Zellkernteilung in ihren
fünf Schritten erklärt.

**C**hemie, das ist wenn's kracht und stinkt –
Physik ist's dann - wenn nichts gelingt.

# **C**oulomb = Der Geladene

Charles Augustin de Coulomb entdeckte die Anziehungskräfte zwischen zwei elektrischen Ladungen.

# **C**urie = Der/Die Radioaktive

Pierre und Marie Curie entdeckten die radioaktiven Elemente Radium und Polonium.

# **E**dison = Der Erleuchtete

Thomas A. Edison erfand u.a. die Glühlampe.

# **E**instein = Der Relative

Albert Einstein begründete die Relativitätstheorie.

# **G**auß = Der Berechnende

Carl Friedrich Gauß erstellte grundlegende Berechnungen in der Mathematik.

# **H**eisenberg = Der Unscharfe

Werner Heisenberg fand die Unschärferelation.

# **H**ertz = Der Beschwingte

Heinrich Hertz bewies die Existenz elektromagnetischer Wellen.

# **N**ewton = Der Gravierende

Sir Isaac Newton entdeckte die Gravitation.

# **O**hm = Der Widerstandsfähige

Georg Simon Ohm fand den elektischen Widerstand.

# **P**lanck = Der Gequantelte

Max Planck formulierete die Quantentheorie.

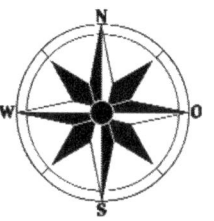

Im Osten geht die Sonne auf,
im Süden ist ihr Mittagslauf,
im Westen wird sie untergeh'n,
im Norden ist sie nie zu seh'n.

Dieser einfache Satz beschreibt den Lauf der Sonne.

Mein Vater erklärt mir
Merkur   Venus   Erde        Merkur
jeden Samstag unsere neun Planeten.
Jupiter   Saturn         Uranus    Neptun Pluto

Die Anfangsbuchstaben des Merksatzes sind auch die ersten Buchstaben der Planetenreihenfolge in unserem Sonnensystem, angefangen mit demjenigen der der Sonne am nächsten steht. Wenn aber Pluto mit seiner elliptischen Bahn näher an der Sonne ist als Neptun, heißt der Spruch: *Mein Vater erklärt mir jeden Sonntag unsere Planeten neu.*

Morgenrot in Ost –
bringt beste Wetterpost.

Ein roter Horizont am Morgen lässt auf einen sonnigen Tag hoffen.

# WO

Mit diesem kurzen Wort wird die waagrechte Achse (Westen – Osten) auf der Windrose erklärt.

## Abnehmender Mond zeigt ein kleines *a* zunehmender Mond zeigt ein kleines *j*.

Lassen sich die Enden der Mondsichel zu einem *a* ergänzen, handelt es sich um abnehmenden Mond. Ergibt die Form jedoch den oberen Bogen eines *j* aus der Sütterlinschrift, nimmt der Mond zu.

## Luna mentit = der Mond lügt

Bildet der Mond ein C, steht das für crescere = wachsen. Da der Mond lügt ist es abnehmender Mond. Bildet er ein D steht das für descrescere = abnehmen. Da er lügt, handelt es sich um einen zunehmenden Mond.

## Größer als > als gestern
## Kleiner als < als gestern

Diese Hilfe kommt aus der Mengenlehre: größer als = > und kleiner als = < muss nur noch mit gestern ergänzt werden.
heute > als gestern = zunehmender Mond
heute < als gestern = abnehmender Mond

# **W**elcher Seemann liegt bis neun im Bett.

Ein Merksatz für die ostfriesischen Inseln von Ost nach West: Wangeroog, Spiekeroog, Langeoog, Baltrum, Norderney, Juist und Borkum.

# **K**ann sich doch kein Pennäler merken.

Die Anfangsbuchstaben bilden die ersten Buchstaben der Formationen im Erdaltertum (Paläozoikum) Kambrium, Silur, Devon, Karbon und Perm.

# **L**ias, Dogger, Qualm – dazu der Malm

Dies sind die Abschnitte der Jura-Zeit.

# **G**ünz, Mindel, Riss und Zwirn

Dies sind die vier Eiszeiten der Würmeiszeit im Alpenvorland, die vor 70 000 Jahren begann.

# **I**ller, Lech, Isar, Inn
fließen rechts zur Donau hin –
Altmühl, Wörnitz, Naab und Regen
kommen ihr von links entgegen.

Merkreim für die Nebenflüsse der Donau

# **N**ordpol = rot, Südpol = grün

Bei Magneten werden die Pole häufig farbig markiert.

# Nie ohne Seife waschen!

Steht für Norden – Osten – Süden – Westen im Uhrzeigersinn gesehen

# Im Granit, dies vergess' ich nimmer – sind Feldspat Quarz und Glimmer.

Oder:

# Feldspat, Quarz und Glimmer – die drei vergess' ich nimmer.

Hier handelt es sich um die Hauptmineralien die im Granitgestein enthalten sind.

# Wo Werra und Fulda sich küssen, sie ihren Namen büßen müssen. Denn hier entsteht durch einen Kuss, deutsch bis zum Meer, der Weser-Fluss.

Spruch auf dem Weserstein in Hannoversch Münden, der sagen will: aus Werra und Fulda entsteht die Weser, die durch Deutschland bis zur Nordsee fließt.

# Brigach und Breg bringen die Donau zuweg'.

Hier handelt es sich um die Quellflüsse der Donau.

**I**nn vom Süden, Ilz von Nord,
treffen sich am gleichen Ort.
Mit der Donau geht's bergab,
bis zum schwarzen Meer hinab.

Inn, Ilz und Donau treffen sich in der Drei-Flüsse-Stadt Passau aufeinander, um dann von dort gemeinsam bis zum Schwarzen Meer zu fließen.

**G**ut Junge, wir essen gleich etwas.

Gera  Jena  Weimar Erfurt  Gotha  Eisenach

Dies sind die größten thüringischen Städte von Ost nach West.

**G**uter Kaffee kostet heute sicher nichts, Papa

Die Kaffee-Export Länder
Südamerikas sind:
Guatemala,
Kuba,
Costa Rica,
Honduras,
El Salvador,
Nicaragua und
Panama.

**S**talagmiten stehen auf dem Untergrund
Stalaktiten hängen von der Decke.

Die Tropfsteine Stalagmiten wachsen von unten nach oben, Stalaktiten dagegen von oben nach unten. Letztere auch zu merken in einer nicht sehr freundlichen Version als Stalaktitten.

Leichter zu merken dürfte die Früh- und Vorgeschichte mit der „Fünfer"-Reihe sein:

| | |
|---|---|
| vor 15 Mrd. Jahren | „Big Bang", die Entstehung des Universums |
| vor 5 Mrd. Jahren | Entstehung der Sonne, der Erde und Planeten |
| vor 5 Mill. Jahren | Entwicklung der Vormenschen |
| vor 150.000 Jahren | Homo sapiens in Afrika |
| vor 50.000 Jahren | Homo sapiens in Europa |
| vor 5.000 Jahren | Frühe Hochkulturen in Mesopotamien, am Indus und am Nil |
| 500 v. Chr. | Anfang der klassischen Antike in Griechenland |
| 500 n. Chr. | Ende der Antike und Beginn des Mittelalters in Europa |
| 1500 n. Chr. | Beginn der Neuzeit |

**B**ei Frauen und bei *Cirren* –
kann man sich manchmal irren.

Cirrus-Wolken künden im Normalfall eine heran-
nahende Warmfront, die Landregen mit sich bringt –
es muss aber nicht eintreffen.

**S**tiller Zug, leichte Brise,
0    1    2    3
Mäßig frischer Wind.
4    5    6
Steifer, stürmischer Sturm
7    8    9
Schwer-artiger Orkan.
10    11    12

Diese Aufzählung fasst die Beaufort-Skala von 0 - 12
zusammen:

| | |
|---|---|
| Windstille | 0 – keine Luftbewegung |
| Leiser Zug | 1 – Windhauch fühlbar |
| Leichte Brise | 2 – Blättersäuseln |
| Schwache Brise | 3 – Zweige fächeln |
| Mäßige Brise | 4 – schlanke Äste wiegen |
| Frische Brise | 5 – Bäumchen wiegen |
| Starker Wind | 6 – Es bläst |
| Steifer Wind | 7 – Gehen beschwerlich |
| Stürmischer Wind | 8 – Zweige knicken |
| Sturm | 9 – Schäden an Dächern |
| Schwerer Sturm | 10 – Bäume entwurzelt |
| Orkanartiger Sturm | 11 – Große Sturmschäden |
| Orkan | 12 – Verwüstungen |

**S**pürst du das Zipperlein, die Gicht,
dann trink' Alkohol lieber nicht!

Durch medizinische Forschung ist seit langem
bewiesen, dass Alkohol die Bildung von Harnsäure-
kristallen fördert. Da diese sich wiederum in den
Gelenken des menschlichen Körpers absetzen, för-
dern sie dadurch die Gicht.

**G**urgelst du mit Salbei –
ist das Halsweh bald vorbei!

**S**chon gehört, daß Gurkensaft –
Sommersprossen glatt abschafft?

Dieser Reim bestätigt, daß Gurkensaft eine bleichen-
de Wirkung hat. Nicht jede Haut verträgt diese
Behandlung, also Vorsicht!

**S**chuhkauf am Vormittag –
bedeutet abends Plag'.

Da die Füße im Laufe des Tages anschwellen, sind
Schuhe die morgens gekauft werden eventuell
abends zu klein.

## KAPITEL 10

**F**ühlst du starkes Rheumaleiden,
lass die Milch mal lieber bleiben!

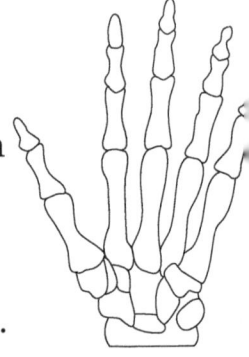

**E**s fuhr ein *Kahn* im *Mond*enschein
im *Dreieck* um das *Erbsenbein,*
*Vieleck groß* – Vieleck *klein,*
der *Kopf,* der muss ein *Hacken* sein.

Die Handwurzelknochen sind: Kahnbein, Mondbein, Dreiecksbein, Erbsenbein, großes Vieleck, kleines Vieleck, Kopfbein und Hackenbein.

# P E C H

Erste Hilfe bei Verstauchungen und Verletzungen:
*Pause - Eis - Compressen - Hochlegen*

**P**ro *Ald*i *te*sten *ko*stet öfters *Ca*lorien.

Die Hormone aus den Cholesterin-Derivaten sind: Progesteron, Aldosteron, Testosteron, Cortisol, Östrogene und Calcitriol

**B**ier auf Wein,
das lass sein –
Wein auf Bier,
das rat' ich dir!

# WUMS

Die Rechte des Käufers bei mangelhafter Leistung: Wandlung, Umtausch, Minderung oder Schadenersatz.

**D**er Vater begattet die Gesellschafterin, die der Vorerbe unentgeltlich verwahrt.

Dies zählt die – im BGB verstreuten – Fälle auf, in denen die Haftung für fahrlässige Schädigungen des Vermögens anderer etwas weniger streng ist als normalerweise zwischen nicht besonders verbundenen Personen. Genau gesagt haftet der Schädiger nur, wenn er mit den Sachen des anderen weniger sorgfältig umgegangen ist als mit seinen eigenen.

Dies gilt für den

Vater im Verhältnis zu seinen Kindern

Gatten im Verhältnis zum anderen Ehegatten

Gesellschafter im Verhältnis zu Mitgesellschaftern

Vorerben im Verhältnis zu Nacherben

unentgeltlichen Verwahrer im Verhältnis zum Eigentümer

**W**er handelt mit Rindern, kann wandeln nicht mindern.

Beim Viehhandel z. B. kann man keine Minderung verlangen, sondern nur auf Rücktritt klagen.

## KAPITEL 11

# Der liebe Gott ist ganz verwundert –
# Marie klagt auf dreizehnhundert.

Gemeint ist hier der Paragraph 1300 des Zivilrechtes. Der besagt, wenn es im Vertrauen auf eine spätere gemeinsame Hochzeit zur Entjungferung der Braut kommt – jedoch die Trauung nie stattfindet – hat die entjungferte Frau nach der Trennung Anspruch auf Schadenersatz. Dies ist das sogenannte Kranzgeld.

**L**uv = *zu*m Wind

Lee = we*g* vom Wind

> *Luv* und *zum* haben ein *u*,
> *Lee* und *weg* besitzen ein *e*.

**K**otzt du nach Lee,
geht die Kotze in See.
Kotzt du nach Luv,
putzt du die Kotze auf.

> Lee ist weg vom Wind, Luv geht zum Wind.

**S**chlägst du mit der rechten Hand –
seine *linke Back*e kriegt 'nen *rot*en Rand.

> Merkregel für Backbord und Steuerbord: Wenn man
> mit der rechten Hand eine Ohrfeige gibt, trifft man
> den anderen auf die linke Wange , die dann rot wird.
> Also: *Back*bord ist *links*, die Lichter an Schiffen und
> die Betonnung ist ebenfalls *links* und *rot*. Steuerbord
> dagegen ist rechts und grün.

**R**ot an Rot – hat keine Not,
grün an grün – kannst getrost vorüberzieh'n.

> Wenn sich zwei Schiffe nachts begegnen und vom
> jeweils anderen nichts als die Positionslaternen
> sehen, gilt dieser Spruch.

# **W**eiß über rot –
## ein Lotsenboot

Dies bezeichnet die Farben und Anordnung an der
Positionslaterne eines Lotsenbootes.

# **Ü**ber weiß –
## dem Fischer sein Scheiß

Dies beschreibt die hintere Positionsleuchte eines
Fischerbootes.

**B**rust oder Rücken –
Bremse drücken!
Siehst du die Seitennaht –
hast du freie Fahrt.

Die verschiedenen Ansichten des Verkehrspolizisten und die Bedeutung für die Verkehrsregelung.

**O**rdne dich beizeiten ein,
es wird dir gleich von Nutzen sein!

Damit ist das rechtzeitige Einordnen fürs Abbiegen gemeint.

**I**ns Tal hinunter, schalt' nicht hinauf –
fahr' so, als ginge es bergauf!

Man sollte bei der Talfahrt immer in einen niedrigen Gang schalten.

**V**orsicht, wenn du erblickst das V –
erstmal nach der Vorfahrt schau!

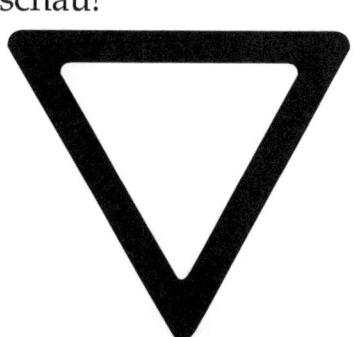

# Zeichen geben –
## länger leben!

Dies gilt insbesondere für Radfahrer.

# Auf der Straße übers Land –
## wird das Linksgehen angewandt!

Dies gilt für Fußgänger, denn wenn man auf der linken Straßenseite, dem Verkehr also entgegengeht, sieht man herankommende Gefahren besser.

# Bei rot bleibst du stehen,
## bei grün darfst du gehen.

# Halber Tachostand

Mit Hilfe dieser Faustformel kann man sicherstellen, dass man nicht zu dicht auf den Vordermann auffährt. Die Entfernung zu ihm sollte mindestens den halben Wert der gefahrenen Geschwindigkeit in Metern entsprechen.

# Erst links, dann rechts hinüberseh'n,
## wenn alles frei ist, kannst du geh'n.
## Versperrt ein Auto deine Sicht,
## dann überquer' die Straße nicht!

# Rund und rot –
## heißt Verbot.

Erst kommt der Ball – dann kommt das Kind,
tritt auf die Bremse bloß geschwind!

Fährst du ohne Licht bei Dunkelheit,
ist dies eine Dummheit,
die zum Himmel schreit.

Dieser Merksatz gilt ins-
besondere für
manche Radfahrer.

Ein Unglück ist schnell passiert –
wird die Vorfahrt ignoriert.

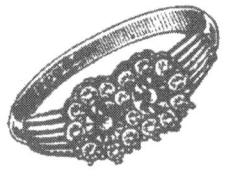

**O**mas Schmuckstück aus Granaten
wird durch Kleie neu geraten.

> Granatschmuck mit Kleie geputzt glänzt wie neu.
> Kleie sind Keimlinge und Schalen von Getreide.

**B**imsstein nimmt gar manchen Fleck –
von den Fingern wieder weg.

**N**asse Pullover auf den Bügel,
sowas verdient eine Tracht Prügel.

**F**ensterputz bei Sonnenschein –
bringt dir nur Enttäuschung ein.

> Fensterscheiben, die im Sonneschein geputzt werden,
> können leicht blind werden nach dem Putzen.

**E**in paar Körner Reis im Fass,
Salz bleibt trocken, wird nicht nass.

**M**ehlteig wird, wie es gebührt,
immer kalt nur angerührt.

## KAPITEL 13

**P**elze, das vergesse nicht –
blassen ab im Sonnenlicht.

**L**aue Milch auf Elfenbein –
gibt ihm wieder hellen Schein.

Tipp für das Reinigen von Klaviertasten.

**E**in Schirm, der nass nach Atem schnappt',
wird erst – wenn trocken – eingeklappt.

**V**on der Zitrone etwas Saft –
gibt der Sahne Halt und Kraft.

**D**ie Zitrone hart gerollt –
ist dem Koch besonders hold.

Zitronen, die vor dem Auspressen gerollt werden,
geben mehr Saft ab.

**T**omaten beim Kohl –
Raupen, lebt wohl.

Pflanzt man Tomaten in die Nähe von Kohl, werden
dadurch Raupen vertrieben.

**K**äse bleibt frisch, mach den Versuch –
in einem salzig-feuchten Leinentuch.

**L**iegt der Schnee im Garten weit und breit –
ist die beste Teppichklopfer-Zeit.

**R**osenstil in Wasserdunst –
Blüte schenkt noch ihre Gunst.

**A**sche macht der dicksten Laus –
auf die Dauer den Garaus.

**Z**ucker mit Petroleum –
Ameis' kehrt schon um.

**B**itte, Gärtner, rupfe nie –
ein Blatt ab vom Sellerie.

Für die Ernährung der Knollen sind die Blätter der Sellerie wichtig.

**S**oll der Samen schneller sprießen,
musst du vor dem Säen gießen.

**30** Tage hat November –
April, der Juni und September.

> Oder: Man legt beide Fäuste mit den Daumen gegen-
> einander. Der Knöchel des linken kleinen Fingers
> steht für den Januar, hier beginnt man zu zählen. Die
> Knöchel, ergeben die Monate mit 31 Tagen; die Knö-
> chel-Zwischenräume verweisen auf Monate mit 30
> Tagen oder den Februar mit 28 bzw. 29 Tagen.

**E**in Foto – welches transparent –
man wegen Durchsicht – Dia nennt.

> Dia (griechisch) bedeutet: hindurch, durch.

**S**pring forward,
fall back

> Gilt für die Umstellung der Sommer- und Winterzeit.
> Im Frühjahr wird vor- und im Herbst zurückgestellt.

**W**enn Sonne lacht,
dann Blende acht.

> Bei guten Lichtverhält-
> nissen wird die Einstel-
> lung von Blende 8 am
> Fotoapparat empfohlen.

## KAPITEL 14

**S**parta
**K**orinth
**A**then
**T**heben

S K A T - als Merkhilfe für die wichtigen Staaten in der klassischen Periode Griechenlands.

**B**ist du des Lebens nicht mehr froh –
dann stürze dich in $H_2O$.

**K**ilometertal – euer Urpokal

Dieser Satz steht für die neun Musen:

| | |
|---|---|
| Klio | Geschichtsschreibung |
| Melpomene | tragische Dichtung |
| Terpischore | Tanz |
| Thalia | komische Dichtung |
| Euterpe | Lyrik |
| Erato | Liebesdichtung |
| Urania | Sternkunde |
| Polyhymnia | Hymnendichtung |
| Kalliope | epische Dichtung |

# AGGFU

Dieses Merkwort bildet die Anfangsbuchstaben der Grundsätze, die für demokratische Wahlen gelten:

A = allgemein
G = gleich
G = geheim
F = frei
U = unmittelbar

# TEST LEUCHTKOPY, GARTEN MAUS!

Ein komischer Befehlsatz mit den Anfangsbuchstaben der sieben Weltwunder:
TE = Tempel der Artemis in Ephesus
ST = Statue des Zeus von Phidias in Olympia
LEUCHT = Leuchtturm von Pharos in Alexandria
KO = Koloss von Rhodos
PY = Pyramiden in Ägypten
GARTEN = Hängende Gärten der Semiramis
MAUS = Mausoleum in Halikarnassos

Beim Lessing und beim Hauff –

regt sich hier koiner auf.

D'r Schiller und d'r Hegel –

des isch bei ons die Regel.

SCHILLER

Schwäbische Eselsbrücke, die die große Anzahl schwäbischer Dichter und Denker hervorheben soll.

# KURA

Dies sind die Anfangsbuchstaben der wichtigsten Sozialversicherungen: *K*ranken-, *U*nfall-, *R*enten- und *A*rbeitslosenversicherung (cura = lat. Fürsorge).

**V**iele
Personen haben beim
Erstellen des Buches
mit Rat, Beiträgen
und Korrekturlesen
geholfen.

Sollten sich trotzdem
Fehler eingeschlichen
haben oder sollten Sie
noch andere Esels-
brücken kennen, bittet
der Herausgeber um
Nachsicht und um
Mitteilung an:
rwoertmann@aol.com

Eine Garantie kann für
die Ratschläge aber
nicht gegeben werden.
Eine Haftung wird des-
halb ausgeschlossen.

Herzlichst bedanken
möchte ich mich bei:

Gianni Beschizza,
Peter Böhme-Kirsch,
Frank Dahrendorf,
Thomas Darnstädt,
Johannes K. Engel,
Klaus Glässer,
Gerd Jacobsen,
Christian Wüst,
Sonja und Renate
Wörtmann